Como eu vim a ser educado, ao longo dos anos, não sei exatamente. Só sei que não aconteceu [illegible]nha temporada na Escola Pública nº 86 da cidade de Nova York. Quando o século virou em 1900, as pessoas tentaram começar o novo século do zero. Algumas pessoas perdoaram velhas dívidas.

Harpo fala... de Nova York

Harpo Marx com
Rowland Barber

Harpo fala... de Nova York

Tradução
Roberto Muggiati

JOSÉ OLYMPIO
EDITORA

Título do original em inglês
HARPO SPEAKS... ABOUT NEW YORK

EDITORA JOSÉ OLYMPIO LTDA.
Rua Argentina, 171 – 1º andar – São Cristóvão
20921-380 – Rio de Janeiro, RJ – República Federativa do Brasil
Tel.: (21) 2585-2060 Fax: (21) 2585-2086
Printed in Brazil / Impresso no Brasil

Atendemos pelo Reembolso Postal

ISBN 85-03-00913-7

Capa: Isabella Perrotta / Hybris Design

CIP-Brasil. Catalogação-na-fonte
Sindicato Nacional dos Editores de Livros, RJ.

Marx, Harpo, 1888-1964
M355h Harpo fala... de Nova York / Harpo Marx e Rowland Barber; tradução de Roberto Muggiati. – Rio de Janeiro: José Olympio, 2006.
(Sabor literário)

Tradução de: Harpo speaks... about New York
ISBN 85-03-00913-7

1. Marx, Harpo, 1888-1964 – Infância e juventude. 2. Comediantes – Estados Unidos – Biografia. 3. Atores e atrizes de cinema – Estados Unidos – Biografia. I. Rowland, Barber. II. Título. III. Série.

CDD – 927.9143
06-1440 CDU – 929:791.43

SUMÁRIO

APRESENTAÇÃO

Como todas as crianças da minha geração, eu reverenciava os Irmãos Marx. Não lembro de ter me dado ao trabalho de entender por que eram tão engraçados mas aguardava ansioso cada um dos seus filmes por aquilo que eu sabia que iria acontecer: eles desmantelariam qualquer sociedade em que se encontrassem. Por toda parte onde passavam, carregavam consigo caos e confusão. Nada podia detê-los.

Groucho, Chico e Harpo podem não ter sido os únicos comediantes a ultrajar a propriedade, violar os costumes e destroçar a esperança da dignidade humana, mas eles desdenhavam do uso autodramatizado de um Keaton ou de um W. C. Fields, oferecendo, em vez disso, a afirmação descarada de si mesmos como Irmãos Marx, não importa os nomes que lhes fossem atribuídos por seus roteiristas. Sempre se destacavam acima do ambiente de seus filmes, acumulando abuso verbal ou físico sobre qualquer ator excêntrico que tivesse o infortúnio de servir como seu alvo. Eram surrealistas infatigáveis. Até mesmo seus interlúdios musicais — Chico no seu piano, Harpo na sua harpa — não tinham nenhuma justificativa dramática discernível. O que fazia deles os mais radicais da sua profissão era que sua comédia, não mediada por algo como o sentimento normal, ia à raiz da presunção social de que a vida tem propósito e o universo está sujeito à razão.

Não tivéssemos os Irmãos Marx na ópera, nas corridas, a bordo de um navio ou na guerra, acho que haveria talvez menos compreensão entre nós, mais adiante na vida, de tais exemplares do modernismo como Giorgio De Chirico, Marc Chagall, Luís Buñuel e Samuel Beckett.

Embora Zeppo Marx ocasionalmente aparecesse como um homem normal, no que tocava a nós crianças, havia apenas os três irmãos. Chico era de quem gostávamos menos — talvez porque fosse o menos engraçado, ou porque sua caracterização fosse a mais fraca, ou porque detectássemos algo desleixado ou falso em suas atuações. Groucho, admitíamos, era o cérebro. Tinha as palavras, cantava as canções e era geralmente o cúmplice do enredo e o organizador das coisas (embora no autêntico e anárquico espírito dos Irmãos Marx suas alianças fossem sujeitas a reavaliações instantâneas, e os outros dois quase sempre pudessem fazê-lo de vítima de suas palhaçadas). Mas tinha momentos em que nos sentíamos ameaçados por Groucho, como se houvesse alguma escuridão nele, ou alguma revelação inadvertida dos lineamentos da vida adulta que fosse talvez premonitória de nossa própria escuridão espiritual, como quando ríamos culposamente da sua degradação ritual da estatuesca e maternal Margaret Dumont.

Para Harpo, não tínhamos reservas. Era o nosso favorito. Era o irmão Marx que verdadeiramente amávamos. Groucho pode ter tido o comando da linguagem e Chico também, sob as restrições do estranho sotaque italiano que escolheu, mas Harpo, ao não falar absolutamente nada, era o nosso porta-voz.

Harpo se comunicava colocando as juntas dos dedos nos dentes e assobiando ou apertando a buzina de automóvel que sacava de seus volumosos bolsos. Quando a situação estava preta, ele podia avisar Chico com uma charada. Quando uma garota bonita entrava em cena, seu rosto notavelmente elástico — os olhos vidrados, o queixo caído — nos diziam tudo o que precisávamos saber naquele exato segundo antes que ele iniciasse a caçada. Sem fala, era o mais puro *clown* dos três. Sua peruca, sua cartola amassada e aqueles bolsos sem fundo que cuspiam tesouras, serrotes, luzes acesas, telefones funcionando, utensílios de cozinha e galinhas mortas, eram os artifícios de um garoto gênio. Nós também éramos às vezes os possuidores orgulhosos do que o mundo considerava sucata. Também tínhamos aquela ligeireza de pés que nos permitia caçar garotas e nunca conseguir alcançá-las. Também entendíamos tudo o que havia para saber sobre o mundo adulto... mas não dizíamos nada.

Amávamos Harpo porque instintivamente sabíamos que era um de nós. Mas não podíamos ter entendido que sua própria vida de criança pudesse ter sido a razão do nosso reconhecimento. Na verdade, a densidade criativa de suas palhaçadas só devia ter saído de algo mais profundamente marcado na sua natureza do que a sua experiência no teatro como um dos Irmãos Marx prestes a obter um grande sucesso em Hollywood. É impossível acreditar que fosse um esquete planejado aquela primeira vez em que Harpo pendurou o seu joelho na mão do espantado famoso ator ao seu lado. Tinha de ser a improvisação inspirada de alguém crescido na rua, como Harpo o foi nas ruas de Nova York nos ásperos anos 1890, em que a sobrevivência dependia de nossa postura precisa em relação à autoridade. Os filmes dos Irmãos Marx tratam todos de passar a perna na autoridade. Mas aparentemente era o jubiloso Harpo, o moleque de rua da família tão constantemente presente, quem aprendeu a se safar com um olhar de soslaio bobalhão e transformá-lo no involuntário agente de sua própria autoridade surreal.

Entregar a sua perna a uma pessoa famosa não é uma metáfora inconcebível para alguém, como Harpo, que quando criança só tinha um pé de patim para esquiar no gelo. Fazer um artifício cômico de uma quantidade de objetos encontrados nos seus bolsos tem uma certa ressonância, se você quando garoto se sustentava vendendo para negociantes de quinquilharias os tesouros que encontrava na rua ou roubava das carroças que passavam.

O mundo que o jovem Harpo tinha de vencer com sua esperteza incluía não só tiras, bedéis de escola e valentões do bairro, mas também o empobrecimento da sua família e um grau de distração de seus pais dedicados que lhe permitia fazer gazeta na escola. Ele teve de ser mais esperto do que a Nova York do seu tempo, que dava a filhos de imigrantes como Adolph "Harpo" Marx um túnel de ventilação onde pudesse pendurar a sua meia de Natal e o luxo de assistir aos jogos de beisebol dos New York Giants de um morro fora do estádio de onde só conseguia ver o apanhador da esquerda.

O leitor não encontrará nenhuma autocomiseração nestas memórias — elas se relacionam com o humor de alguém que há muito tempo saiu delas para uma vida profissional triunfante. Mas as histórias de Harpo deixam claro que em seus anos críticos iniciais o mundo nunca chegou a se organizar a partir das concepções fragmentadas de sua experiência em algo confortavelmente comum ou racional. A cidade de Nova York era naqueles dias uma atonalidade de culturas imigrantes, tinha quarteirões contíguos ecoando diferentes línguas. As crianças que perambulavam por ruas que não fossem do seu bairro eram geralmente surradas. Os lares dos ricos confinavam os lares dos pobres. Proprietários de cervejarias posavam como aristocratas enquanto suas carruagens de libré estrepitavam sobre as pedras redondas diante do olhar admirado dos diabretes de rua. Nova York era uma democracia municipal rude em que a cidadania não era um requisito para votar. O mais excitante feriado do ano não era o Natal, mas o dia de eleições, porque era comemorado com enormes fogueiras no meio de cada rua em cada vizinhança.

Uma colagem de elementos díspares violentamente reunidos, Nova York foi a composição surreal de um artista louco. Talvez de certa maneira instintiva, Adolph Marx entendesse isso e foi o que o levou à sua libertação. Ou então por que, como Harpo, ele se lembraria tão ternamente... do seu relógio sem ponteiros... do seu solitário patim do gelo... da faixa de grama do apanhador esquerdo no Polo Grounds... ou da velha harpa empenada que pertencera à sua avó... parada num canto como que à sua espera?

E. L. Doctorow

Harpo fala... de Nova York

Como eu vim a ser educado, ao longo dos anos, não sei exatamente. Só sei que não aconteceu durante minha temporada na Escola Pública nº 86 da cidade de Nova York.

Quando o século virou em 1900, as pessoas tentaram começar o novo século do zero. Algumas pessoas perdoaram velhas dívidas. Alguns recomeçaram a vida mudando de nome. Outros o fizeram desistindo do uísque de centeio, de dizer palavrões ou de cheirar rapé. A Junta de Educação da cidade de Nova York o fez promovendo Adolph Marx ao segundo grau.

Foi um gesto nobre, mas não funcionou. O ano e meio que Adolph Marx passou no segundo grau foi mais um desperdício de tempo e de dinheiro dos contribuintes do que o ano que ele passou vagando e sonhando através do primeiro grau.

(Adolph foi o nome que me deram quando nasci, na cidade de Nova York, em 1893. Harpo foi o nome que me deram durante uma partida de pôquer, 25 anos depois. Durante a mesma partida meu irmão Leonard tornou-se "Chico"; Julius tornou-se "Groucho"; Milton, "Gummo"; e, mais tarde, Herbert se tornou "Zeppo". Estes apêndices pegaram a partir do momento em que foram agregados a nós. É como se nunca tivéssemos tido outros nomes. Portanto, seremos conhecidos através de todas estas páginas como Chico, Harpo, Groucho, Gummo e Zeppo.)

Seja como for, meus estudos formais terminaram na metade da minha segunda tentativa no segundo grau, momento em que deixei a escola da maneira mais direta possível. Fui jogado pela janela.

Houve duas causas para isso. Uma foi um menino irlandês grandalhão na minha classe e outra foi um menino irlandês ainda maior. Eu era um perfeito otário para eles, uma vítima óbvia. Era pequeno para a minha idade. Tinha uma voz aguda e esganiçada. E era o único menino judeu na sala. A professora, uma senhora chamada srta. Flatto, já tinha há muito desistido de me ensinar qualquer coisa. A srta. Flatto gostava de predizer, diante da classe, que eu não acabaria bem. Era a única questão em que os garotos irlandeses concordavam com a srta. Flatto, e eles se esforçavam para que a previsão dela se tornasse verdade.

Ocasionalmente, quando a srta. Flatto deixava a sala, os irlandeses me pegavam e jogavam pela janela, para a rua. Felizmente nossa sala ficava no primeiro andar. A queda era de uns dois metros e meio — alta o bastante para um bom solavanco, mas não o suficiente para quebrar algum osso.

Eu me levantava, sacudia a poeira e voltava à sala de aula assim que tivesse a certeza de que a professora havia voltado. Explicava à srta. Flatto que tinha ido ao banheiro. Sabia que se eu chiasse levaria coisa pior do que um empurrão janela afora. Ela deve ter imaginado que eu não era capaz de controlar meus órgãos, menos ainda compreender os assuntos de ler e escrever. Começou a mandar bilhetes para minha mãe, todos com a mesma advertência: era melhor fazer algo para me endireitar ou eu seria uma desgraça para minha família, minha comunidade e meu país.

Minha mãe andava ocupada demais com outros problemas na época para me endireitar junto ao sistema da escola pública. Primeiro, parecia mais urgente manter meu irmão Chico afastado do salão de bilhar do que me manter na sala de aula.

Então minha mãe indicou uma pessoa para ir conferenciar com a srta. Flatto. Foi uma infelicidade. Essa pessoa era o namorado de minha prima Polly, que morava conosco na época. Ele vendia arenque nas ruas, em baldes de madeira, gritando para cima e para baixo na vizinhança: "Ei, *a* melhor aqui! Melhor aqui! Aqui *a* melhor *da* mundo!"

Naturalmente, fedia a peixe; você podia sentir o seu cheiro a um quarteirão de distância.

Então um dia ele apareceu no meio de uma aula, com os baldes de peixe e tudo. Não foi muito longe na sua conferência com a srta. Flatto. Ela deu um olhar e uma cheirada, começou a passar mal e ordenou ao namorado de Polly que saísse da escola. Todos os outros garotos na sala começaram a sorrir afetadamente, taparam o nariz e a srta. Flatto nada fez para detê-los.

Eu sabia que estava morto.

Os dois garotos irlandeses agora me jogavam pela janela toda vez que podiam, o que acontecia três ou quatro vezes ao dia, e a srta. Flatto me fazia ficar na escola depois das aulas toda tarde por sair da sala tantas vezes sem permissão. Ainda posso ver o seu dedo apontando para o meu nariz e ouvi-la dizendo: "Um dia vai se dar conta, meu jovem, vai se dar conta!" Eu não sabia o que ela queria dizer, mas nunca esqueci as palavras.

Então, num dia ensolarado, quando a srta. Flatto deixou a sala e fui prontamente arremessado na rua, eu me levantei, dei as costas para a E. P. 86 e caminhei diretamente para casa, e aquele foi o fim da minha educação formal.

Eu tinha oito anos de idade quando fui jogado para fora da escola pela última vez. O lar, na época, era um apartamento numa casa de cômodos da rua 93, número 179

Leste, numa pequena vizinhança judia apertada entre os irlandeses ao norte e os alemães ao sul, em Yorkville.

A casa de cômodos no 179 foi o primeiro lar de verdade de que posso me lembrar. Até nos mudarmos para lá, tínhamos vivido como ciganos, nunca viajamos muito longe — na verdade, nunca fora da vizinhança —, mas sempre nos mudando, assolados e perseguidos por notificações de despejo, arrestos e agentes de senhorios de olhos coruscantes. Os Marx eram pobres, muito pobres. Estávamos sempre famintos. E éramos numerosos. Mas graças ao assombroso espírito de meu pai e de minha mãe, a pobreza nunca deixou nenhum de nós deprimido ou raivoso. Minha lembrança dos meus primeiros anos é vaga mas agradável, cheia do som de cantoria e risos e cheia de pessoas que eu amava.

Quanto menos comida tínhamos, mais pessoas tínhamos para alimentar. Ninguém se queixava disso. Simplesmente trabalhávamos um pouco mais duro e nos virávamos um pouco mais duro para arranjar um osso de sopa ou um tarro de chucrute. Havia dez bocas a alimentar todo dia no 179: cinco meninos, de Chico até Zeppo; a prima Polly, que fora adotada como uma de nós; minha mãe e meu pai; e a mãe e o pai de minha mãe. Grande parte do tempo a irmã de minha mãe, tia Hannah, também aparecia por lá. E a qualquer noite da semana, um número qualquer de parentes de ambos os lados da família poderia dar as caras, sem avisar, mas nunca eram mal recebidos.

Um parente era qualquer pessoa chamada Schoenberg ou Marx ou que falasse baixo-alemão e aparecesse em nosso apartamento na hora do jantar e causasse a diminuição das porções em nossos pratos. Uma quantidade de estranhos de aparência suspeita se tornou parente, mas ninguém jamais foi expulso.

Isto colocava todo tipo de fardos nas costas de Frenchie, que era como chamávamos meu pai, Sam Marx. Frenchie era o empregado e o cozinheiro da família. Era também o ganha-pão. Frenchie exercia o ofício de alfaiate. Nunca conseguiu ter a sua própria loja, e, durante o dia, sua mesa de corte e sua bancada de costura ocupavam toda a sala de jantar com pedaços e retalhos de tecido transbordando até a cozinha. Às seis horas ele largava o que quer que estivesse fazendo, no meio de um ponto, e enfurnava sua profissão no vestíbulo, panos, tecidos, mesas e tudo mais e voltava-se para a tarefa de preparar o jantar para dez, 11 ou 16 pessoas.

Esta tarefa teria sido impossível para qualquer outra pessoa no mundo, mas Frenchie sempre conseguia colocar uma refeição na mesa. Com a comida, era um verdadeiro mágico. Dispondo de duas pequenas costeletas, um repolho murcho, um punhado de verduras de sopa, um saquinho de castanhas e uma pitada de tempero, ele era capaz de realizar milagres. Deus, como era fabuloso o cheiro dos cômodos da casa quando Frenchie, picando e reservando, cheirando, mexendo e provando, e sempre sorrindo e cantarolando para si mesmo, colocava a cozinha a pleno vapor!

Frenchie nasceu numa parte da Alsácia-Lorena que ficou leal à Alemanha, mesmo quando a França dominava a província. Assim, embora a língua oficial fosse o francês, em casa os Marx falavam o *Plattdeutsch*, o baixo-alemão.

Quando a família veio para a América, ela naturalmente gravitou em torno de imigrantes que falassem o mesmo dialeto: no Lado Leste superior de Manhattan (na fronteira de Yorkville, assim como a Alsácia-Lorena está na fronteira da Alemanha), uma espécie de Sociedade *Plattdeutsch* surgiu — não oficial, mas estreitamente unida.

Qualquer um que falasse baixo-alemão era bem-vindo por Frenchie, gozava da sua confiança irrestrita. E como Frenchie era um dos poucos alfaiates da cidade que falava baixo-alemão, ele conseguia muitas encomendas, por puro sentimento, que ele nunca merecia. Não fosse a lealdade mútua de Frenchie e dos seus conterrâneos, os Irmãos Marx não teriam ficado sob o mesmo teto tempo bastante para se conhecerem, menos ainda para entrarem no mundo dos espetáculos.

De todas as pessoas que Frenchie amava e às quais era leal, nenhuma era mais diferente dele do que Minnie Schoenberg Marx, sua mulher, minha mãe. Ela se tornou uma lenda no mundo dos espetáculos. E quase tudo o que diziam a seu respeito é verdade. Minnie era uma garota e tanto.

Era uma mulher adorável, mas sua aparência suave de gazela enganava. Tinha a resistência de um cavalo de cervejaria, a força de um salmão subindo uma corredeira, a esperteza de uma raposa e uma devoção à sua prole tão feroz como a de uma leoa. Minnie adorava uma algazarra. Gostava de estar no meio da agitação, sempre que houvesse canto, histórias a contar ou risadas. Mas isto de certa forma era também enganoso. Toda a sua vida adulta, cada minuto dela, foi dedicada ao seu Grande Plano.

O Plano de Minnie era simplesmente este: colocar seu irmão caçula e seus cinco filhos no palco e fazer deles um sucesso. Pôs-se ao trabalho começando com tio Al (que havia mudado o nome de Schoenberg para Shean), depois pegando, pela ordem, Groucho, Gummo, eu, Chico e Zeppo. Foi um trabalho terrível. O que o tornava ainda mais difícil era o fato de que tio Al e Groucho queriam entrar no mundo dos espetáculos primeiro e, depois que Groucho tomou gosto pelo palco, queria ser um escritor. Chico queria ser jogador profissional. Gummo queria ser inventor. Zeppo queria ser um pugilista campeão. Eu queria tocar piano num *ferryboat*.

Mas ninguém podia mudar a opinião de Minnie. Seu Grande Plano foi executado, por Deus, de cabo a rabo.

Sua relação com Frenchie, nos dias em que eu estava crescendo, era mais uma parceria de negócios do que o tipo usual de casamento. Minnie era o homem de fora. Frenchie era o homem de dentro. Minnie combatia o mundo para concretizar o destino de sua família. Frenchie ficava em casa, costurando e cozinhando. Minnie era o patrão absoluto. Tomava todas as decisões, mas Frenchie nunca parecia se ressentir disso.

Nunca nos ocorreu que este arranjo entre pai e mãe fosse estranho, ou fora do comum. Éramos como uma família de náufragos sobrevivendo numa ilha deserta. Não havia dinheiro, prestígio, antecedentes para ajudar os Marx a abrirem seu caminho na América. Éramos nós contra os elementos e cada um de nós encontrou sua própria maneira de sobreviver. Frenchie escolheu ser alfaiate. Chico escolheu o salão de bilhar. Eu escolhi as ruas. Minnie nos manteve coesos enquanto planejava nosso resgate.

A única tradição em nossa família era nossa falta de tradição.

E assim, aos oito anos de idade, eu estava fora da escola e em liberdade. Não sabia o que fazer comigo mesmo. Uma coisa era certa: jamais chegaria perto da E. P. 86 ou dentro do alcance do dedo acusador da srta. Flatto de novo. A escola era ótima para Chico, que estava na quinta série e era um gênio em aritmética, e para Groucho, que só tirava nota 100 na primeira série, mas não para mim. Eu só era bom para sonhar acordado, uma disciplina à qual não davam crédito no sistema escolar da cidade de Nova York.

Meus pais aceitaram o fato de eu estar em liberdade assim como aceitaram toda e qualquer derrota em suas vidas — sem remorso, sem arrependimento. Minnie estava ocupada demais arquitetando a carreira do tio Al para ter muito tempo para mim. Achava que tinha feito o seu dever, apesar de tudo, mandando o vendedor de arenque de Polly até a escola. Frenchie recebeu as novas de minha saída da escola com um encolher de ombros e um aceno de cabeça acompanhado de um sorriso.

Nunca soube ao certo, mas imagino que o inspetor de disciplina deve ter vindo ao nosso apartamento à minha procura. Se o fez, sei o que aconteceu. Quando bateu à porta achamos que fosse o agente do senhorio, que vinha cobrar o aluguel, e corremos todos para nossos esconderijos, e eu fiquei quieto até que ouvimos os passos descendo as escadas para a rua.

Quanto a mim mesmo, nunca duvidei que tivesse feito a coisa certa quando caminhei deixando para trás a janela aberta da E. P. 86, para nunca mais voltar. A escola estava toda errada. Não ensinava a ninguém como existir no dia-a-dia, que era como os pobres tinham de viver. A escola preparava você para a vida — aquela coisa no futuro remoto —, mas não para o mundo, a coisa que você tinha de encarar hoje, esta noite, e quando acordava na manhã seguinte sem a menor idéia do que o novo dia traria.

Quando eu era criança não existia realmente futuro. Lutar para sobreviver num período de 24 horas já era duro o bastante sem precisar refletir sobre o período seguinte. Você podia rir do passado, porque tivera sorte bastante para sobrevivê-lo. Mas principalmente havia o presente com que se preocupar.

Outra queixa que eu tinha é que a escola lhe ensinava sobre feriados que você nunca podia comemorar, como o Dia da Ação de Graças e o Natal. Não lhe ensinava sobre os verdadeiros feriados como o dia de São Patrício, quando você podia assistir a uma parada de graça, nem sobre o dia de eleição, quando você podia fazer uma gigantesca fogueira no meio da rua e os tiras não o impediam. A escola não lhe ensinava o que fazer quando, barrado por uma gangue inimiga — quando correr, quando fazer pé firme. A escola não lhe ensinava a apanhar bolas de tênis, construir um patinete, viajar em trens do Elevado e em bondes, pegar carona em carros de entrega, ser dono de um cachorro, sair para nadar, pegar uma lasca de gelo ou uma fruta — tudo isso sem pagar um centavo.

A escola não lhe ensinava que lojas de penhores lhe dariam dinheiro sem perguntar onde conseguiu a mercadoria, ou como jogar bilhar ou apostar numa mão de pôquer ou ainda onde vender ferragens ou encontrar espaço para dormir numa cama com quatro outros irmãos.

A escola simplesmente não lhe ensinava como ser pobre e viver cada dia. Isto eu tive de aprender sozinho, da melhor maneira que pude. Nas ruas eu era, segundo os padrões atuais, um delinqüente juvenil. Mas pelos padrões do Lado Leste de 1902, eu era um estudante de honra.

De algum modo, entre a casa e lá fora ("lá fora" sendo qualquer lugar na cidade exceto o apartamento), eu aprendi a ler. Enquanto Groucho suava sobre frases de livros escolares como "Isto é um gato — Oh, vejam o gato" e "Um centavo poupado é um centavo conquistado", eu aprendia a dominar o alfabeto e o vocabulário através de frases como "Esta água é só para cavalos", "Salão de Bilhar Excelsior, um centavo o taco", "Saloon e almoço grátis — Proibida a entrada de menores", "Não pise a grama", e palavras impressas nos muros e nas calçadas por garotos mais velhos que não podem ser reproduzidas aqui.

Aprendi a ver as horas pelo único relógio disponível à nossa família, o relógio na torre da Cervejaria Ehret's, na rua 93 com a Segunda Avenida, que podia ser vista da janela da frente, se vovô não tivesse fechado a cortina. Vovô, que era o último bastião da religião ortodoxa na família, usava freqüentemente a sala da frente para fazer suas preces e estudar a Torá. Quando o fazia, e a cortina estava fechada, tínhamos de passar sem o relógio da cervejaria e o tempo cessava de existir.

Guardo, desde então, a sensação de que, quando as cortinas são fechadas, ou o sol se põe, ou as luzes da casa diminuem, o tempo pára. Talvez seja por isso que nunca tive problema para dormir e sempre me levantei cedo. Quando o sol se ergue e a cortina está aberta, o relógio da cervejaria volta a trabalhar. O tempo está em ação de novo e algo poderia estar acontecendo que eu detestaria perder.

A mãe de Minnie, Fanny Schoenberg, morreu logo depois que nos mudamos para a rua 93 Leste, mas vovô Schoenberg permaneceu uma figura da casa até que finalmente renunciou à vida à idade de um século, em 1919. Vovô não era portanto classificado como um parente. Ele era a família.

Nos dias de semana, quando Minnie saía para batalhar por trabalho para o tio Al, Frenchie estava ocupado sobre sua mesa de corte, Chico e Groucho estavam na escola, Gummo e Zeppo brincando no alpendre, e vovô e eu passávamos muito tempo juntos.

Às vezes ele me contava histórias da Hagadá, fazia-me sermões da Torá, ou tentava me ensinar as preces. Mas sua instrução religiosa, receio, aproximava-se demais do trabalho da escola para me interessar, e ele não conseguiu mais comigo do que a srta. Flatto. Mesmo assim, sem me dar conta, eu completei um curso. Com vovô aprendi a falar alemão. (Tentei ensinar inglês a vovô, mas acabei desistindo.)

Quando ele se sentia alegre e a cortina estava aberta, vovô costumava fazer mágica para mim. Tirava moedas da sua barba, do meu nariz e dos meus ouvidos e me fazia praticar o truque de esconder moedas sob a palma da mão. Então enchia o cachimbo e me contava sobre os dias em que ele e *Grossmutter* Fanny faziam a ronda dos balneários e dos teatros musicais alemães. Vovô apresentava-se como ventríloquo e mágico, no velho país, enquanto vovó tocava a harpa para dançar depois que ele fazia o seu espetáculo.

Não cheguei a conhecer muito bem vovó antes de morrer, mas senti que nunca estava muito distante, pois sua velha harpa ficava sempre num canto do quarto do vovô. Era uma harpa de tamanho médio. Havia perdido as cordas. Sua moldura estava empenada. Tudo o que restava do seu antigo lustro eram uns poucos flocos de caspa dourada. Mas para mim era um objeto de beleza. Tentava imaginar como teria soado quando vovó a tocava, mas não conseguia. Nunca tinha ouvido alguém tocar uma harpa. Minha cabeça estava cheia de outros tipos de música — as cançonetas de tio Al, as gaitas de fole do dia de São Patrício, os tambores e cornetas do dia de eleição, o órgão a vapor no carrossel do Central Park, cítaras entreouvidas através das portas de vaivém dos salões de cerveja de Yorkville, a concertina que o cego tocava no barco de excursão de North Beach. Mas nunca ouvira uma harpa.

Podia ver vovó com o instrumento reluzente no seu colo, mas em meus sonhos de olhos abertos nenhum som saía quando suas mãos tocavam nas cordas.

Tomei uma resolução, uma das poucas que posso me lembrar de ter tomado. Ia conseguir um emprego e economizar o dinheiro e levar a harpa para uma loja de harpas e colocar cordas nela e descobrir finalmente que tipo de música ela fazia.

Quando ganhei meus primeiros salários, porém, encontrei maneiras mais urgentes de gastar a grana. Quase 15 anos se passariam antes que eu tangesse minha primeira corda de harpa. Não fiquei desapontado. Foi uma emoção pela qual valeu a pena esperar.

Assim, vovô, que me ensinou alemão e mágica, foi meu primeiro professor de verdade. Meu segundo professor avançou minha educação de uma maneira muito mais prática. Foi o meu irmão Chico.

Meu irmão Chico era apenas um ano e meio mais velho que eu, mas adiantado muito além da sua idade nos negócios do mundo. Tinha grande confiança em si mesmo, como Minnie, e, como ela, aventurava-se por onde Frenchie ou eu receávamos andar.

Eu ficava lisonjeado quando as pessoas diziam que era a imagem de Chico. Acho que era. Nós dois éramos nanicos comparados à média dos rapagões da vizinhança. Éramos magrelos, com rostos pontudos, grandes olhos e macegas de cabelos ondulados e rebeldes. Papai não era melhor cortando nossos cabelos do que cortando pano para um terno.

Chico era um bom professor e para ele eu era um estudante interessado. Em pouco tempo ensinou-me a empunhar um taco de bilhar, a jogar cartas e a apostar nos dados. Memorizei as chances de rolar um dez ou um quatro da maneira difícil, contra fazer um *flush* no pinocle ou um *straight* no pôquer. Aprendi princípios básicos, como "Nunca jogue contra as chances a qualquer preço", e "Nunca jogue dados sobre um cobertor." Aprendi a identificar *tubarões* de bilhar e jogadores de baralho inescrupulosos e a detectar dados *envenenados*.

Passava mais tempo no salão de bilhar e o preço havia subido de um centavo o taco para dois tacos por cinco centavos. Era muito dinheiro. Uma noitada de bilhar custava mais do que eu geralmente conseguia trazer para casa com um dia de mutretas, fazendo biscates e penhorando qualquer mercadoria que pudesse encontrar dando sopa na rua.

O que realmente custava muita grana era o Jantar Especial no Fieste's Oyster House. Jantar no Fieste's era a suprema luxúria de minha vida jovem. Não que a comida lá fosse mais bem feita do que a comida que tínhamos em casa — quando tínhamos comida. Nenhum *chef* comercial comum poderia competir com Frenchie. Mas o Especial do Fieste's incluía coisas que Frenchie só poderia sonhar em colocar na nossa mesa: ostras de Greenpoint e mexilhões na meia concha, caranguejo *à la diable*, eperlanos grelhados, batatas fritas e cebolas, um suculento *T-bone steak*, pãezinhos quentes untados na manteiga, torta de maçã com uma fatia de queijo picante e café rico com creme espesso e doce.

Como eu disse, uma refeição destas valia realmente um bom dinheiro. Custava 35 centavos.

Logo aprendi que a principal dificuldade era economizar. Não era tentação, ou falta de força de vontade. Era Chico Marx. Chico era capaz de cheirar dinheiro. Esconder minhas poupanças em casa, em qualquer parte do apartamento, era inútil. Chico sempre descobria, mais cedo ou mais tarde.

Certa vez achei que havia passado a perna nele. Vendi um monte de bugigangas no Lado Oeste, itens que havia selecionado de uma carroça de mudanças estacionada diante de uma casa na rua 90. O negociante de sucata me pagou dez centavos em dinheiro, o máximo que eu já conseguira num único carreto.

Jurei que aquela moeda de dez centavos jamais iria parar no bolso de Chico. Daquela vez eu tinha certeza porque havia finalmente encontrado o esconderijo perfeito. Em nosso quarto de dormir havia um pequeno rasgão no papel de parede, perto do teto. Antes de Chico voltar para casa naquela noite eu subi na cômoda e colei minha moeda na parede debaixo da aba do papel rasgado. Foi um trabalho de classe. Fui para a cama com uma sensação de segurança.

Na manhã seguinte, quando me levantei, havia um rasgão maior no papel de parede do que antes. Minha moeda tinha sumido e Chico também. Chico foi a única pessoa que conheci capaz de cheirar dinheiro através de papel de parede. Talvez não tivesse um grande ouvido para a música, mas tinha um nariz infernal para dinheiro.

Aprendi então que a única maneira de proteger meu dinheiro era gastá-lo tão rapidamente quanto o ganhava. Aprendi também a gastá-lo em algo que pudesse comer, ou usar, como o jantar no Fieste's ou uma partida de bilhar. Minhas posses não estavam mais a salvo das garras de Chico do que meu dinheiro. Chico era um crente devoto da máxima "Partilhe e partilhe igualmente."

A maneira como partilhava de minhas posses era penhorá-las tão rapidamente quanto punha as mãos sobre elas e depois me dar as cautelas da penhora como a minha parcela.

A vida nas ruas era uma tremenda corrida de obstáculos para um garoto diminuto como eu. Os obstáculos mais difíceis eram os garotos de outras nacionalidades. O Lado Leste superior era subdividido em quarteirões judaicos (os menores de todos), quarteirões irlandeses e quarteirões alemães, com uns dois estados independentes italianos entremeados. Ou seja, as ruas laterais eram subdivididas. As avenidas norte-sul — Primeira, Segunda, Terceira e Lexington — pertenciam mais à cidade do que à vizinhança. Eram zonas neutras. Mas nas ruas laterais era sempre temporada de caça aos estrangeiros.

Se você fosse apanhado tentando atravessar furtivamente um quarteirão estrangeiro, a primeira coisa que os irlandeses ou alemães perguntavam era "Ei, garoto! De que rua é?" Aprendi que economizava tempo dizer a verdade. Eu era da rua 93, confessava.

Sim? Que quarteirão da rua 93?

Noventa e três entre Terceira e Lex.

Aquilo me identificava. Eu era um judeu.

A pior coisa que você podia fazer era fugir dos sujeitos de outras ruas. Mas se não tinha nada para barganhar como um resgate, estava praticamente morto. Aprendi a nunca deixar o meu quarteirão sem algum tipo de suborno no bolso — uma bola de tênis furada, um carretel de linha vazio, um centavo, qualquer coisa. Não custava muito comprar sua liberdade; o gesto é que era importante.

Tudo aquilo fazia parte da interminável luta por reconhecimento dos estrangeiros no processo de se tornarem americanos. Cada garoto irlandês que derrubava um garoto judeu com um soco era obrigado a pedir penico para um garoto italiano, que levava suas pancadas de um garoto alemão, que tinha as entranhas chutadas por seu velho por brigar nas ruas e então partia para surrar um garoto irlandês para curar suas feridas. "Vou te ensinar o que é bom!" era a ameaça que passavam um ao outro, o irlandês ao judeu ao italiano ao alemão. Todo mundo tentava ensinar o que era bom para todo mundo, até o final da linha. É isto o que ainda penso quando ouço o termo "educação progressiva".

Comecei a passar muito tempo no Central Park, quatro quarteirões a oeste, o parque era um país estrangeiro amigável. Era território seguro para lobos solitários, não importa de que rua fossem.

Os verões eu passava rodando as quadras de tênis. Adorava assistir ao jogo e sempre havia a oportunidade de afanar uma bola de tênis. No inverno, o parque não era tão convidativo, a não ser que houvesse uma nevada ou uma boa geada. Quando a neve cobria o chão eu arranjava uma bacia de lavar louça em alguma parte ("arranjar" era uma palavra polida para roubar) e saía deslizando pelo parque. Era um prazer arriscado. Uma bacia em boas condições valia cinco centavos em dinheiro num negociante de sucata do Lado Oeste e eu tive mais de uma bacia surrupiada de baixo de mim por garotos maiores.

Depois de uma geada hasteavam a Bandeira do Gelo no Central Park, anunciando à cidade que o lago estava em condições para patinar. Ninguém ficava mais feliz em ver a bandeira do que eu. Eu era provavelmente o melhor patinador de um pé só na cidade de Nova York.

O equipamento esportivo total de nossa família era um patim de gelo que tinha pertencido à vovó e que vovô guardava de lembrança, como a velha harpa. E assim como a harpa não tinha cordas, o patim não tinha correias. Tive de improvisar com barbante, corda, suspensórios velhos, elásticos, o que pudesse encontrar.

Passei muitas horas no lago congelado do Central Park, patinando com energia ao redor da borda congelada com o meu patim de pé esquerdo. Passei mais horas ainda sentado no gelo, congelando o rabo onde minhas calças não tinham remendos, amarrando e cortando e enrolando na luta interminável para manter o patim preso ao meu pé.

Estranhamente, o inverno trazia menos dissabores para mim do que o verão. Sempre podia encontrar um abrigo quente em algum lugar quando fazia frio. Mas quando a cidade esquentava, ficava quente por toda parte e não havia lugar algum para se refrescar.

O único alívio era temporário, como uma lasca de gelo da plataforma de carregamento da fábrica de gelo. Era uma bênção segurá-la e chupá-la, mas não durava muito. Que fazer então? Só havia uma coisa a fazer — ir nadar no East River. Mas do jeito que tínhamos de nadar, saltando das docas, era exaustivo e não podíamos ficar muito tempo na água.

Você sempre pode identificar um sujeito que cresceu pobre no Lado Leste observando-o nadar. Quando entra numa piscina ele automaticamente começará com uma espécie de nado de peito, como se estivesse afastando algum objeto flutuante invisível. Era o estilo de nado que você tinha de usar quando pulava no East River. Era a única maneira de proteger o seu rosto do esgoto e do lixo.

Um jeito de tirar o calor da cabeça era fazer anéis de crina de cavalo. Costumávamos invadir furtivamente os estábulos das cervejarias e cortávamos grandes pedaços de crina dos rabos dos cavalos e depois os trançávamos em anéis. Anéis de crina de cavalo não só eram acessórios elegantes para se usar, três ou quatro em cada dedo, como eram também negociáveis. Podiam ser trocados por bolas de gude ou distintivos de Grover Cleveland e eram úteis como resgate quando você era emboscado por uma gangue inimiga.

Então, de repente, num verão, anéis e bolas de gude se tornaram coisa de criança para mim. Descobri como usar gratuitamente o sistema de transporte da cidade e não era mais um prisioneiro da vizinhança. Minha vida tinha novos horizontes. Eu, um mero mortal, podia agora ir em frente e ver os Deuses em Valhalla — vale dizer, os New York Giants no Polo Grounds.

Bondes eram a maneira mais fácil de viajar sem pagar. Era só pular a bordo quando um carro partisse e ficar despistando o cobrador. Se o cobrador o pegasse, você descia e saltava no bonde seguinte. Era mais divertido ficar pendurado do lado de fora do carro, mas você corria o risco de ser expulso com uma cacetada de um tira.

Não era tão fácil nos trens elevados. Você não podia entrar num trem El sem dar um tíquete ou passagem ao furador de bilhetes na roleta da plataforma. Enganar o bilheteiro exigia muita esperteza, incluindo passagens velhas, cartões de goma-de-mascar (que eram do mesmo tamanho dos bilhetes do El), alguma falsificação rebuscada — e, para mim, graças ao treinamento com o vovô — uma ligeireza de mão.

Uma vez por ano a cidade mudava o seu sistema de tíquetes e passagens, tentando reduzir o número de viajantes clandestinos. Mas nunca inventaram um sistema que não pudesse ser de certa forma fraudado pela garotada.

Agora eu era um homem de sociedade. Em minhas viagens descobri, no verão de 1903, como ver de graça os Giants jogarem. Aquela era a única maneira segura de vencer o calor de Nova York. Quando John J. McGraw e seus nobres guerreiros entraram em campo no Polo Grounds, todas as dores e queixas do fã leal se desvaneceram e ele suportou o calor com um contentamento radiante.

Eu era um fã leal mas nunca pude pagar, naturalmente, o preço do ingresso do Polo Grounds. Então descobri um local em Coogan's Bluff, um promontório elevado atrás do Polo Grounds, do qual havia uma visão clara do campo de beisebol. Bem, uma visão clara — sim, mas clara somente do paredão externo da tribuna de honra, uma seção das arquibancadas e uma faixa estreita e tantalizante do campo.

Para contar a verdade, eu realmente não vi os Giants. Eu vi um Giant — o apanhador da esquerda.

Quando a bola vinha rodopiando ou caindo no meu canto do campo, eu assistia ao vivo ao beisebol da liga principal. O resto do tempo — que foi a maior parte do tempo — eu via um homem pequenino de uniforme branco ou cinza estático de pé num retalho de grama distante.

Outros garotos colecionavam figurinhas dos Giants como McGraw, McGinnity e Matthewson. Eu não. Fui sempre fiel a Sam Mertes, o apanhador esquerdo sem distinção, o único New York Giant que vi jogar beisebol.

Com o tempo acabei perdoando Sam por todas as horas em que ficou parado, esperando que a ação viesse para o seu lado. Deve ter sido tão frustrante para ele lá embaixo no campo como para mim no alto do morro. Era fácil para arremessadores ou interbases ter um ar vistoso. Assumiam muitos riscos. Meu coração estava com o cara que tinha menos chances de aparecer, o cara cuja esperança e paciência nunca se apagavam. Sam Mertes, eu o saúdo! Em qualquer Valhalla que esteja jogando agora, rezo para que só batedores destros acertem na bola e ela venha navegando na sua direção três vezes em cada turno.

Por mais que eu fugisse dela a cada oportunidade que tinha, nossa vizinhança não chegava a ser uma favela horrenda. Tinha sua cota de gigantes também, homens e mulheres que pertenciam ao mundo exterior, que traziam brilho e excitação às vidas do resto de nós do Lado Leste.

Havia dois verdadeiros aristocratas em nossa vizinhança, o sr. Ruppert e o sr. Ehret, os proprietários das grandes cervejarias. A mansão de Jack Ruppert ficava na esquina da rua 93 com a Park Avenue. Era um lugar fabuloso para mim, pela razão principal de que o jardim de Ruppert continha uma fila de pessegueiros que uma vez por ano davam pêssegos adoráveis e suculentos.

O jardim de Ruppert também continha dois enormes cães de guarda que se postavam ao longo do interior da grade de ferro espigada, em estado de alerta contra ladrões de pêssegos. Era a teoria do zelador de Ruppert de que os cães ficariam mais cruéis se fossem mantidos com fome. Esta teoria saiu pela culatra. Eu arranjava um saco de gordura e restos de carne de um açougueiro, alimentava os cães famintos através da grade até que ficavam amistosos e sonolentos e então saltava por cima dos espigões e enchia a camisa de pêssegos maduros.

Nenhum fruta jamais foi tão saborosa como uma fruta roubada, e era o único tipo de fruta que conheci até que me tornei, aos 11 anos, um trabalhador em tempo integral.

Havia um cortejo espetacular em nossa rua, todo dia de semana o ano todo. O espetáculo começava às nove da manhã e era repetido às seis da tarde. Era a passagem do sr. Ehret através da rua 93, a caminho e de volta da Cervejaria Ehret.

O sr. Ehret ia numa deslumbrante carruagem negra puxada por uma junta de garanhões pretos premiados. Um lacaio e um cocheiro, em régios uniformes nas cores azul e dourado, sentavam-se no alto da carruagem. A metade leste do nosso quarteirão descia colina abaixo em direção do East River e quando a carruagem do cervejeiro chegava ao cume, de manhã, o cocheiro ficava de pé e sacudia as rédeas e os garanhões disparavam colina abaixo a todo galope.

Quando passavam por nossa casa, os garanhões estavam com os olhos esbugalhados e espumavam em seus freios e as pedras redondas da rua soavam como bigornas. Quando voltavam à noite, esforçando-se contra a subida, a gente podia ver as faíscas voarem dos seus cascos pesados.

Trovão e relâmpago. Pompa e circunstância. Glória e magnificência. Eu me espanto como um garoto pobre que nunca viu um cervejeiro a caminho da sua cervejaria, que nunca tremeu e se arrepiou quando o cocheiro se levantava para iniciar o galope colina abaixo, podia saber que havia outro tipo de vida, a boa vida.

Obrigado pelo espetáculo, sr. Ehret. Obrigado pelos pêssegos, sr. Ruppert. Desculpem-me, jamais gostei de cerveja.

Havia também a gente das *Brownstones.** Não eram tão ricos e poderosos como os cervejeiros, mas acho que avançaram tanto quanto eles a minha educação do mundo exterior.

---

*Casas com fachada de arenito pardo muito comum nos Estados Unidos. (*N. da E.*)

Morávamos no lado proletário da rua 93, o lado norte. À nossa frente, no lado sul, havia uma fileira de residências familiares de arenito. Não tinham as fachadas atravancadas de feias escadas de incêndio, como as casas de cômodos. Eram decoradas com hera e jardineiras cheias de flores nas janelas.

O que se passava dentro destas casas elegantes era algo que eu achava impossível imaginar, como o som da música de harpa. Enquanto outros garotos se indagavam sobre a vida em Marte ou na Lua, eu costumava me indagar sobre a vida do outro lado da rua. Horas a fio eu observava a gente das *Brownstones* ir e vir.

Na época do Natal, as casas de arenito do outro lado da rua ficavam ainda mais remotas do meu mundo de apartamentos. Grinaldas de azevinho apareciam nas portas e nas janelas e à noite eu podia ver as árvores de Natal no interior, brilhando com as luzes de velas.

A única coisa que eu me lembrava do que a srta. Flatto me ensinara, na E. P. 86, era a lenda de Papai Noel. Fiquei fascinado por ela mas, sendo um jovem cínico, disse a mim mesmo que era tudo um monte de baboseira irlandesa. A única vez que alguém recebia presentes em nossa família era quando tio Al nos visitava ou quando Frenchie por acaso era pago por dois ternos de uma só vez.

Ainda assim, na noite de 24 de dezembro, um mês depois do meu nono aniversário, decidi dar a Papai Noel uma oportunidade de praticar uma boa ação. Pendurei uma de minhas meias no túnel de ventilação, debaixo da janela. O túnel de ventilação era a coisa mais próxima de uma chaminé em nossa casa. Talvez ainda melhor. Havia muito mais espaço para um velho gordo e jovial descer pelas paredes.

Na manhã de Natal minha meia ainda estava vazia. Não contei aquilo a ninguém. Estava envergonhado demais para que ainda me tratassem de trouxa.

No entanto, um ano depois, quando vi o azevinho nas casas de arenito e as velas tremeluzindo nas árvores de Natal, engoli o meu orgulho e pendurei a meia de novo. Desta vez, para fortalecer a minha fé, confessei a Chico naquela noite o que tinha feito. Chico não se mostrou desdenhoso, nem surpreso. Sabia tudo sobre o esquema das meias no Natal. "Mas", disse, "você tem de calcular as chances. Imagine quantos túneis de ventilação na rua 93, e ainda no resto da cidade, Papai Noel tem de visitar numa só noite. Então imagine que ele tem de cuidar dos irlandeses, dos eslavos e dos italianos antes de chegar aos judeus. Certo? Então que tipo de chances são estas?"

Chico estava sendo sensato e convincente como de costume. Ainda assim, era uma questão de fé *versus* matemática.

Uma centelha teimosa de esperança ainda ardia dentro de mim. Deixei minha meia no túnel de ventilação.

Na manhã seguinte Chico me surpreendeu. Pegou a meia antes que eu o fizesse. Quando a encontrou vazia, ficou desapontado e magoado. Embolou a meia e a jogou sobre mim. "Quando é que vai aprender?" disse. "Quando vai aprender que não pode ir contra as probabilidades?"

Os únicos feriados que partilhávamos como família eram as excursões que fazíamos, uma vez a cada verão, até a praia. Não podíamos nos dar ao luxo de ir até o oceano, até Coney Island. Pegávamos um barco de excursão mais barato da doca na rua 96, aquele que se arrastava com suas pás de rodas através de Hell Gate até North Beach, no Bronx.

Em North Beach nos divertíamos muito nos aquecendo ao doce ar da liberdade. Estávamos onde nenhum parente oportunista, cobrador de aluguéis ou freguês descontente de Frenchie podia nos encontrar. Minnie contava piadas e entoava canções com Groucho, Frenchie cochilava na areia, sorrindo até no seu sono, e Chico saía à cata de alguma ação. Eu devia cuidar de Gummo e Zeppo, mas me afastava a cada oportunidade que tinha para ver se conseguia afanar uma *charlotte russe* ou uma fatia de melancia de algum garoto menor que eu.

Nosso banquete no feriado seria uma pilha de sanduíches, patê de fígado e queijo dentro de pão preto *pumpernickel*. O queijo era verde e tão duro que tinha de ser espalhado com raspadeira de tinta, mas era deleitável.

Esticávamos o dia até o último minuto possível, correndo — com o resto da multidão — para pegar o último barco para casa. Quando a velha banheira empenada matraqueava de volta ao East River, todos os passageiros estariam de um lado, inclinando-se cansados na direção de casa, e o barco adernava até que se podia estender a mão pela balaustrada e pegar a espuma do rio. Era um milagre toda vez que chegava à doca e era atracado aos pilões e nivelado antes de emborcar.

Era sempre uma volta ao lar melancólica. Para a maioria de nós a bordo, a excursão de um dia eram as únicas férias que teríamos num ano de trabalho duro e miséria. O cego que tocava concertina sabia que não sobrara nenhum níquel ou centavo para a sua caneca de lata entre toda a multidão, mas tocava mesmo assim e cantava nostálgicas baladas italianas.

No bar do barco havia um piano, preso por garras de ferro ao convés. Seu teclado estava fechado. O piano devia ter sobrado de dias mais amenos do barco, quando os passageiros usavam calças de flanela e de linho e havia uma orquestra para dançar. Ninguém jamais tocou o piano em nossas excursões e aquela era a parte triste do feriado para mim.

Aos 13 anos cheguei à maturidade, segundo a fé judaica. Fiz o meu *bar mitzvah* — fui aceito como um membro adulto da sinagoga. Isto não significava, porém, que eu começasse a ir ao *shul* todo sábado. Os ritos eram realizados em deferência ao vovô, que ficaria amargamente magoado se seus netos não tivessem demonstrado algum respeito à sua fé tradicional. Era o mínimo que podíamos fazer.

Para a ocasião, Frenchie fez para mim um terno de sarja preta com calções (a partir de retalhos encalhados) e comprou-me um chapéu-coco. Depois da cerimônia houve uma recepção para mim no 179 com uma mesa de doces, salgadinhos e vinho. Isto, naturalmente, atraiu todos os parentes e foi uma festa e tanto. Recebi quatro presentes. Tio Al me deu um par de luvas. Tia Hannah me deu um par de luvas. Primo Sam me deu um par de luvas. (Na minha fotografia de *bar mitzvah* estou usando dois pares e segurando o terceiro.) Minnie, Deus a abençoe, me deu um genuíno relógio Ingersoll de um dólar.

O inevitável aconteceu. Três dias depois do meu *bar mitzvah*, meu relógio novo desapareceu.

Fiquei muito sentido. Um presente não era a mesma coisa que algo que você tivesse afanado. Fui à caça de Chico, encontrei-o num jogo de dados e perguntei-lhe a respeito. Passou-me a cautela do penhor. Dei a cautela a

Minnie e ela recuperou o relógio para mim. Então uma idéia brilhante me ocorreu. Eu mostraria a Chico. Faria o meu relógio à prova de Chico, para que não conseguisse penhorá-lo. Tirei os ponteiros.

Agora o relógio era meu para sempre. Eu lhe dava corda fielmente toda manhã e o levava comigo o tempo todo. Quando queria saber as horas olhava para o relógio da Cervejaria Ehret e colocava meu relógio junto ao ouvido. Acontecia como um encanto e seu tique-taque era uma lembrança constante de que eu tinha, uma vez pelo menos, sido mais esperto do que Chico.

Existia um feriado supremo a cada dois anos e não havia nada triste nele. Não era um acontecimento familiar. Pertencia a todo mundo. O garoto mais pobre da cidade partilhava tanto dele quanto o próprio prefeito.

Era o dia de eleição.

Com meses de antecedência eu começava, como todo garoto, a recolher e a armazenar combustível para a fogueira das eleições. Tendo deixado a escola, eu podia dedicar uma porção de horas extras àquilo. Eu tinha uma carreta feita em casa, um artefato realmente de luxo. A maioria dos garotos engraxava seus eixos com sebo mendigado ou afanado de algum açougue, mas eu era mais sofisticado. Eu raspava a genuína graxa das rodas das carroças de cerveja, percorrendo o circuito de cervejarias da Ehret's à Ruppert's e à Ringling's.

Eu catava aduelas, ripas, sarrafos, tampas de cesto, raios de rodas de carruagem quebrados, qualquer entulho jogado fora que queimasse e empilhava tudo num canto do nosso porão. Nisto o zelador me ajudava. A fogueira do dia de eleição era uma tradição que ninguém ousava quebrar. Se você fosse antifogueira você era anti-Tammany e a vida podia se tornar muito dura sem as benesses da Organização.

O grande feriado durava 30 horas seguidas. Na véspera da eleição, as forças Tammany marchavam para cima e para baixo pelas avenidas à luz de tochas, com fanfarra de cornetas e rufar de tambores. Havia cerveja grátis para os homens e bombinhas e iscas para acender o fogo para os garotos e ninguém dormia naquela noite.

Quando raiava o dia, a cidade fechava suas lojas e se concedia um grande momento social — visitando amigos, renovando velhos conhecimentos, reatando velhas discussões —, e votava.

Por volta do meio-dia, um cabriolé, cortesia de Tammany Hall, encostava diante de nossa casa. Frenchie e vovô, vestidos em seus melhores ternos (que só usavam em casamentos, *bar mitzvahs* ou enterros), subiam no coche e seguiam em alto estilo para as urnas. Quando o cabriolé os trazia de volta, eles ficavam sentados dentro dele o máximo de tempo possível sem que o cocheiro se zangasse, saboreando cada momento de sua glória enquanto tiravam baforadas de seus charutos Tammany grátis.

Finalmente, relutantes, desciam ao meio-fio e Frenchie fazia o gesto grandioso de dar ao cocheiro uma gorjeta. Garotos que observavam da rua e vizinhos que observavam das janelas ficavam devidamente impressionados.

Cerca de meia hora depois, o cabriolé reaparecia e Frenchie e vovô iam votar de novo. Se fosse um ano duro, com um movimento de reforma ameaçando a cidade, seriam levados para votar uma terceira vez.

Ninguém se importava com o fato de que vovô não era cidadão dos Estados Unidos ou de que não soubesse ler ou escrever em inglês. Ele sabia de que lado da cédula devia colocar a marca de um "X". Aquilo era o que importava. Além do mais, o primo do genro de vovô era Sam Marx, um grande homem na Organização. O primo Sam tinha muito a dizer sobre os nomes que apareceriam debaixo de uma estrela preta na lista eleitoral. E era ele quem garantia que o coche fosse mandado para o 179 no horário da votação. Um homem de princípio como vovô não tinha outra escolha senão retribuir a cortesia votando.

Então vinha a noite. As ruas eram esvaziadas de cavalos, charretes e carroças. Todo o trânsito nas principais avenidas parava. Às sete horas as bombinhas começavam a estourar, o sinal de que as urnas estavam fechadas. Dando vivas e gritando, toda uma geração de garotos saía aos borbotões dos apartamentos e acendia suas fogueiras. Um quarto de hora depois das sete, o Lado Leste estava em chamas.

Sempre que nossa fogueira da rua 93 dava sinais de morrer, jogávamos uma braçada de lenha, de outro porão, e as chamas se elevavam aos céus de novo. Depois de ter empilhado minha madeira no fogaréu, eu corria para casa a fim de assistir da nossa janela da frente com vovô.

Era bonito. As chamas pareciam subir tão alto quando o telhado dos apartamentos. A fileira de casas *brownstones* do outro lado da rua, refletindo o fogo, era uma muralha vermelha tremeluzente. O céu era uma grande cortina vermelha. E de todas as partes da cidade podíamos ouvir o clangor dos carros de bombeiros. Nossa fogueira nunca se descontrolava, mas muitas outras o faziam na noite de eleição.

Vovô gostava do espetáculo tanto quanto eu e ficava lisonjeado quando eu deixava os outros garotos e vinha partilhar com ele. Puxava a cadeira mais para perto da janela e acendia o toco do seu mata-rato Tammany. "Ah, somos felizes de estar na América", dizia em alemão, tragando fundo o charuto que recebeu por votar ilegalmente e erguendo a cabeça para observar as chamas que subiam. "Ah, sim! Esta é uma verdadeira democracia."

Eu não tinha idéia do que vovô estava falando, mas era um homem de grande fé e o que quer que dissesse era a verdade.

Este livro foi impresso nas oficinas da
DISTRIBUIDORA RECORD DE SERVIÇOS DE IMPRENSA S.A.
Rua Argentina, 171 – Rio de Janeiro, RJ
para a
EDITORA JOSÉ OLYMPIO LTDA.
em julho de 2006

*

74º aniversário desta Casa de livros, fundada em 29.11.1931